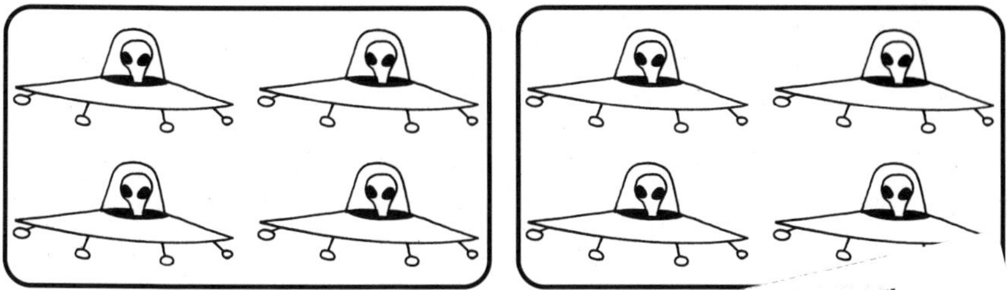

4
× 2

1 × 1	2 × 1	3 × 1			6 × 1
7 × 1	8 × 1	9 × 1	1 × 2	2 × 2	3 × 2
4 × 2	5 × 2	6 × 2	7 × 2	8 × 2	9 × 2
2 × 2	4 × 2	1 × 2	6 × 2	9 × 2	3 × 2
8 × 2	5 × 2	7 × 2	4 × 2	2 × 2	6 × 2

6×2

1×2	2×2	3×2	4×2	5×2
23×2	31×2	32×2	30×2	41×2
42×2	40×2	14×2	24×2	34×2
51×2	52×2	53×2	50×2	54×2
60×2	61×2	62×2	63×2	64×2

$\begin{array}{r} 7 \\ \times\ 2 \\ \hline \end{array}$

$\begin{array}{r} 6 \\ \times\ 2 \\ \hline \end{array}$	$\begin{array}{r} 7 \\ \times\ 2 \\ \hline \end{array}$	$\begin{array}{r} 8 \\ \times\ 2 \\ \hline \end{array}$	$\begin{array}{r} 9 \\ \times\ 2 \\ \hline \end{array}$	$\begin{array}{r} 4 \\ \times\ 2 \\ \hline \end{array}$
$\begin{array}{r} 15 \\ \times\ 2 \\ \hline \end{array}$	$\begin{array}{r} 16 \\ \times\ 2 \\ \hline \end{array}$	$\begin{array}{r} 17 \\ \times\ 2 \\ \hline \end{array}$	$\begin{array}{r} 18 \\ \times\ 2 \\ \hline \end{array}$	$\begin{array}{r} 19 \\ \times\ 2 \\ \hline \end{array}$
$\begin{array}{r} 27 \\ \times\ 2 \\ \hline \end{array}$	$\begin{array}{r} 25 \\ \times\ 2 \\ \hline \end{array}$	$\begin{array}{r} 29 \\ \times\ 2 \\ \hline \end{array}$	$\begin{array}{r} 26 \\ \times\ 2 \\ \hline \end{array}$	$\begin{array}{r} 28 \\ \times\ 2 \\ \hline \end{array}$
$\begin{array}{r} 55 \\ \times\ 2 \\ \hline \end{array}$	$\begin{array}{r} 56 \\ \times\ 2 \\ \hline \end{array}$	$\begin{array}{r} 65 \\ \times\ 2 \\ \hline \end{array}$	$\begin{array}{r} 63 \\ \times\ 2 \\ \hline \end{array}$	$\begin{array}{r} 35 \\ \times\ 2 \\ \hline \end{array}$
$\begin{array}{r} 80 \\ \times\ 2 \\ \hline \end{array}$	$\begin{array}{r} 45 \\ \times\ 2 \\ \hline \end{array}$	$\begin{array}{r} 75 \\ \times\ 2 \\ \hline \end{array}$	$\begin{array}{r} 39 \\ \times\ 2 \\ \hline \end{array}$	$\begin{array}{r} 82 \\ \times\ 2 \\ \hline \end{array}$

$$\begin{array}{r} 67 \\ \times\ 2 \\ \hline \end{array}$$

51 × 2	90 × 2	46 × 2	47 × 2	48 × 2
66 × 2	52 × 2	49 × 2	64 × 2	36 × 2
41 × 2	35 × 2	37 × 2	15 × 2	24 × 2
60 × 2	57 × 2	62 × 2	38 × 2	61 × 2
46 × 2	18 × 2	58 × 2	95 × 2	94 × 2

2 × 3	4 × 3	3 × 3	1 × 3
54 × 3	15 × 3	20 × 3	30 × 3
241 × 3	802 × 3	553 × 3	160 × 3
204 × 3	325 × 3	480 × 3	506 × 3
491 × 2	203 × 2	310 × 2	127 × 2

3×3

5×3	6×3	7×3	8×3
36×3	70×3	48×3	12×3
904×3	180×3	291×3	324×3
432×3	550×3	615×3	706×3
861×2	972×2	183×2	204×2

$$\begin{array}{r} 5 \\ \times 3 \\ \hline \end{array}$$

$\begin{array}{r} 15 \\ \times\ 3 \\ \hline \end{array}$	$\begin{array}{r} 26 \\ \times\ 3 \\ \hline \end{array}$	$\begin{array}{r} 37 \\ \times\ 3 \\ \hline \end{array}$	$\begin{array}{r} 48 \\ \times\ 3 \\ \hline \end{array}$
$\begin{array}{r} 805 \\ \times\ 3 \\ \hline \end{array}$	$\begin{array}{r} 519 \\ \times\ 3 \\ \hline \end{array}$	$\begin{array}{r} 624 \\ \times\ 3 \\ \hline \end{array}$	$\begin{array}{r} 703 \\ \times\ 3 \\ \hline \end{array}$
$\begin{array}{r} 915 \\ \times\ 3 \\ \hline \end{array}$	$\begin{array}{r} 138 \\ \times\ 3 \\ \hline \end{array}$	$\begin{array}{r} 341 \\ \times\ 3 \\ \hline \end{array}$	$\begin{array}{r} 260 \\ \times\ 3 \\ \hline \end{array}$
$\begin{array}{r} 472 \\ \times\ 3 \\ \hline \end{array}$	$\begin{array}{r} 525 \\ \times\ 3 \\ \hline \end{array}$	$\begin{array}{r} 643 \\ \times\ 3 \\ \hline \end{array}$	$\begin{array}{r} 180 \\ \times\ 3 \\ \hline \end{array}$
$\begin{array}{r} 725 \\ \times\ 2 \\ \hline \end{array}$	$\begin{array}{r} 234 \\ \times\ 2 \\ \hline \end{array}$	$\begin{array}{r} 806 \\ \times\ 2 \\ \hline \end{array}$	$\begin{array}{r} 372 \\ \times\ 2 \\ \hline \end{array}$

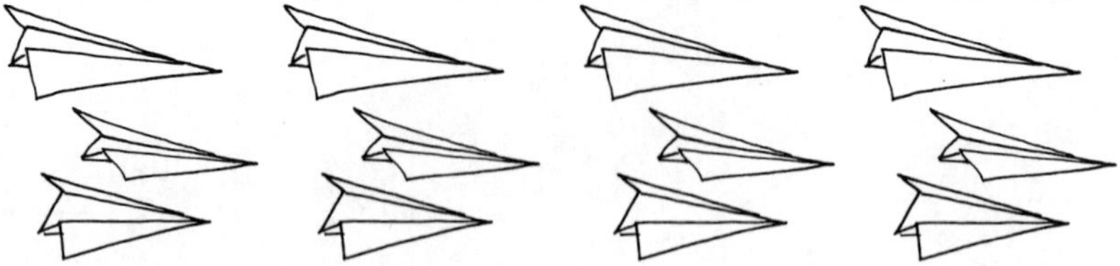

$$\begin{array}{r} 3 \\ \times 4 \\ \hline \end{array}$$

$$\begin{array}{r} 172 \\ \times 4 \\ \hline \end{array} \qquad \begin{array}{r} 203 \\ \times 4 \\ \hline \end{array} \qquad \begin{array}{r} 370 \\ \times 4 \\ \hline \end{array} \qquad \begin{array}{r} 413 \\ \times 4 \\ \hline \end{array}$$

$$\begin{array}{r} 508 \\ \times 4 \\ \hline \end{array} \qquad \begin{array}{r} 621 \\ \times 4 \\ \hline \end{array} \qquad \begin{array}{r} 180 \\ \times 4 \\ \hline \end{array} \qquad \begin{array}{r} 270 \\ \times 4 \\ \hline \end{array}$$

$$\begin{array}{r} 323 \\ \times 4 \\ \hline \end{array} \qquad \begin{array}{r} 425 \\ \times 4 \\ \hline \end{array} \qquad \begin{array}{r} 514 \\ \times 4 \\ \hline \end{array} \qquad \begin{array}{r} 608 \\ \times 4 \\ \hline \end{array}$$

$$\begin{array}{r} 509 \\ \times 4 \\ \hline \end{array} \qquad \begin{array}{r} 290 \\ \times 4 \\ \hline \end{array} \qquad \begin{array}{r} 430 \\ \times 4 \\ \hline \end{array} \qquad \begin{array}{r} 345 \\ \times 4 \\ \hline \end{array}$$

$$\begin{array}{r} 161 \\ \times 2 \\ \hline \end{array} \qquad \begin{array}{r} 723 \\ \times 2 \\ \hline \end{array} \qquad \begin{array}{r} 254 \\ \times 3 \\ \hline \end{array} \qquad \begin{array}{r} 804 \\ \times 3 \\ \hline \end{array}$$

$$\begin{array}{r} 7 \\ \times\ 4 \\ \hline \end{array}$$

403 × 4	325 × 4	180 × 4	241 × 4
252 × 4	164 × 4	513 × 4	607 × 4
722 × 4	318 × 4	802 × 4	431 × 4
904 × 4	525 × 4	236 × 4	370 × 4
635 × 2	142 × 2	706 × 3	273 × 3

$$\begin{array}{r} 2 \\ \times\ 5 \\ \hline \end{array}$$

$\begin{array}{r} 160 \\ \times\ 5 \\ \hline \end{array}$	$\begin{array}{r} 253 \\ \times\ 5 \\ \hline \end{array}$	$\begin{array}{r} 344 \\ \times\ 5 \\ \hline \end{array}$	$\begin{array}{r} 405 \\ \times\ 5 \\ \hline \end{array}$
$\begin{array}{r} 306 \\ \times\ 5 \\ \hline \end{array}$	$\begin{array}{r} 237 \\ \times\ 5 \\ \hline \end{array}$	$\begin{array}{r} 140 \\ \times\ 5 \\ \hline \end{array}$	$\begin{array}{r} 253 \\ \times\ 5 \\ \hline \end{array}$
$\begin{array}{r} 264 \\ \times\ 5 \\ \hline \end{array}$	$\begin{array}{r} 508 \\ \times\ 5 \\ \hline \end{array}$	$\begin{array}{r} 413 \\ \times\ 5 \\ \hline \end{array}$	$\begin{array}{r} 372 \\ \times\ 5 \\ \hline \end{array}$
$\begin{array}{r} 618 \\ \times\ 5 \\ \hline \end{array}$	$\begin{array}{r} 329 \\ \times\ 5 \\ \hline \end{array}$	$\begin{array}{r} 709 \\ \times\ 5 \\ \hline \end{array}$	$\begin{array}{r} 431 \\ \times\ 5 \\ \hline \end{array}$
$\begin{array}{r} 804 \\ \times\ 2 \\ \hline \end{array}$	$\begin{array}{r} 525 \\ \times\ 3 \\ \hline \end{array}$	$\begin{array}{r} 916 \\ \times\ 4 \\ \hline \end{array}$	$\begin{array}{r} 637 \\ \times\ 4 \\ \hline \end{array}$

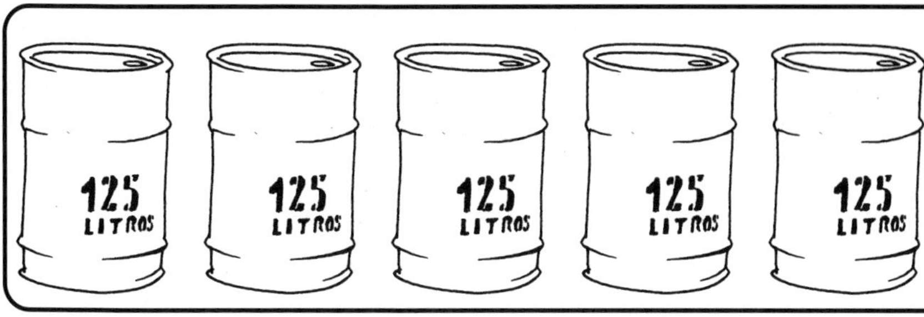

$$\begin{array}{r} 125 \\ \times\ 5 \\ \hline \end{array}$$

$\begin{array}{r} 515 \\ \times\ 5 \\ \hline \end{array}$	$\begin{array}{r} 406 \\ \times\ 5 \\ \hline \end{array}$	$\begin{array}{r} 341 \\ \times\ 5 \\ \hline \end{array}$	$\begin{array}{r} 230 \\ \times\ 5 \\ \hline \end{array}$
$\begin{array}{r} 164 \\ \times\ 5 \\ \hline \end{array}$	$\begin{array}{r} 283 \\ \times\ 5 \\ \hline \end{array}$	$\begin{array}{r} 426 \\ \times\ 5 \\ \hline \end{array}$	$\begin{array}{r} 382 \\ \times\ 5 \\ \hline \end{array}$
$\begin{array}{r} 543 \\ \times\ 5 \\ \hline \end{array}$	$\begin{array}{r} 609 \\ \times\ 5 \\ \hline \end{array}$	$\begin{array}{r} 714 \\ \times\ 5 \\ \hline \end{array}$	$\begin{array}{r} 806 \\ \times\ 5 \\ \hline \end{array}$
$\begin{array}{r} 902 \\ \times\ 5 \\ \hline \end{array}$	$\begin{array}{r} 327 \\ \times\ 5 \\ \hline \end{array}$	$\begin{array}{r} 607 \\ \times\ 5 \\ \hline \end{array}$	$\begin{array}{r} 705 \\ \times\ 5 \\ \hline \end{array}$
$\begin{array}{r} 851 \\ \times\ 2 \\ \hline \end{array}$	$\begin{array}{r} 432 \\ \times\ 3 \\ \hline \end{array}$	$\begin{array}{r} 275 \\ \times\ 4 \\ \hline \end{array}$	$\begin{array}{r} 628 \\ \times\ 4 \\ \hline \end{array}$

$$\begin{array}{r} 3 \\ \times 6 \\ \hline \end{array}$$

$\begin{array}{r} 203 \\ \times 6 \\ \hline \end{array}$	$\begin{array}{r} 154 \\ \times 6 \\ \hline \end{array}$	$\begin{array}{r} 375 \\ \times 6 \\ \hline \end{array}$	$\begin{array}{r} 403 \\ \times 6 \\ \hline \end{array}$
$\begin{array}{r} 534 \\ \times 6 \\ \hline \end{array}$	$\begin{array}{r} 604 \\ \times 6 \\ \hline \end{array}$	$\begin{array}{r} 263 \\ \times 6 \\ \hline \end{array}$	$\begin{array}{r} 702 \\ \times 6 \\ \hline \end{array}$
$\begin{array}{r} 371 \\ \times 6 \\ \hline \end{array}$	$\begin{array}{r} 809 \\ \times 6 \\ \hline \end{array}$	$\begin{array}{r} 420 \\ \times 6 \\ \hline \end{array}$	$\begin{array}{r} 915 \\ \times 6 \\ \hline \end{array}$
$\begin{array}{r} 726 \\ \times 6 \\ \hline \end{array}$	$\begin{array}{r} 284 \\ \times 6 \\ \hline \end{array}$	$\begin{array}{r} 818 \\ \times 6 \\ \hline \end{array}$	$\begin{array}{r} 381 \\ \times 6 \\ \hline \end{array}$
$\begin{array}{r} 471 \\ \times 2 \\ \hline \end{array}$	$\begin{array}{r} 902 \\ \times 3 \\ \hline \end{array}$	$\begin{array}{r} 532 \\ \times 4 \\ \hline \end{array}$	$\begin{array}{r} 830 \\ \times 5 \\ \hline \end{array}$

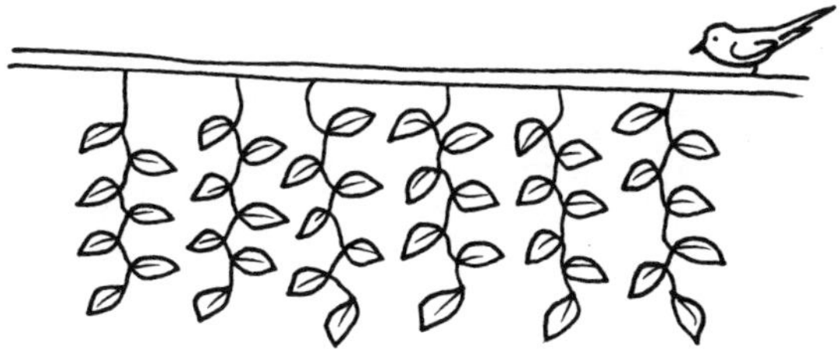

$$\begin{array}{r} 7 \\ \times 6 \\ \hline \end{array}$$

$\begin{array}{r} 182 \\ \times 6 \\ \hline \end{array}$	$\begin{array}{r} 260 \\ \times 6 \\ \hline \end{array}$	$\begin{array}{r} 405 \\ \times 6 \\ \hline \end{array}$	$\begin{array}{r} 315 \\ \times 6 \\ \hline \end{array}$
$\begin{array}{r} 532 \\ \times 6 \\ \hline \end{array}$	$\begin{array}{r} 192 \\ \times 6 \\ \hline \end{array}$	$\begin{array}{r} 240 \\ \times 6 \\ \hline \end{array}$	$\begin{array}{r} 624 \\ \times 6 \\ \hline \end{array}$
$\begin{array}{r} 314 \\ \times 6 \\ \hline \end{array}$	$\begin{array}{r} 730 \\ \times 6 \\ \hline \end{array}$	$\begin{array}{r} 415 \\ \times 6 \\ \hline \end{array}$	$\begin{array}{r} 807 \\ \times 6 \\ \hline \end{array}$
$\begin{array}{r} 903 \\ \times 6 \\ \hline \end{array}$	$\begin{array}{r} 150 \\ \times 6 \\ \hline \end{array}$	$\begin{array}{r} 618 \\ \times 6 \\ \hline \end{array}$	$\begin{array}{r} 716 \\ \times 6 \\ \hline \end{array}$
$\begin{array}{r} 460 \\ \times 2 \\ \hline \end{array}$	$\begin{array}{r} 314 \\ \times 3 \\ \hline \end{array}$	$\begin{array}{r} 156 \\ \times 4 \\ \hline \end{array}$	$\begin{array}{r} 245 \\ \times 5 \\ \hline \end{array}$

$$\begin{array}{r} 4 \\ \times 7 \\ \hline \end{array}$$

$\begin{array}{r} 172 \\ \times\ 7 \\ \hline \end{array}$	$\begin{array}{r} 201 \\ \times\ 7 \\ \hline \end{array}$	$\begin{array}{r} 134 \\ \times\ 7 \\ \hline \end{array}$	$\begin{array}{r} 305 \\ \times\ 7 \\ \hline \end{array}$
$\begin{array}{r} 191 \\ \times\ 7 \\ \hline \end{array}$	$\begin{array}{r} 418 \\ \times\ 7 \\ \hline \end{array}$	$\begin{array}{r} 217 \\ \times\ 7 \\ \hline \end{array}$	$\begin{array}{r} 523 \\ \times\ 7 \\ \hline \end{array}$
$\begin{array}{r} 345 \\ \times\ 7 \\ \hline \end{array}$	$\begin{array}{r} 609 \\ \times\ 7 \\ \hline \end{array}$	$\begin{array}{r} 421 \\ \times\ 7 \\ \hline \end{array}$	$\begin{array}{r} 703 \\ \times\ 7 \\ \hline \end{array}$
$\begin{array}{r} 526 \\ \times\ 7 \\ \hline \end{array}$	$\begin{array}{r} 710 \\ \times\ 7 \\ \hline \end{array}$	$\begin{array}{r} 165 \\ \times\ 7 \\ \hline \end{array}$	$\begin{array}{r} 501 \\ \times\ 7 \\ \hline \end{array}$
$\begin{array}{r} 425 \\ \times\ 3 \\ \hline \end{array}$	$\begin{array}{r} 317 \\ \times\ 4 \\ \hline \end{array}$	$\begin{array}{r} 526 \\ \times\ 5 \\ \hline \end{array}$	$\begin{array}{r} 154 \\ \times\ 6 \\ \hline \end{array}$

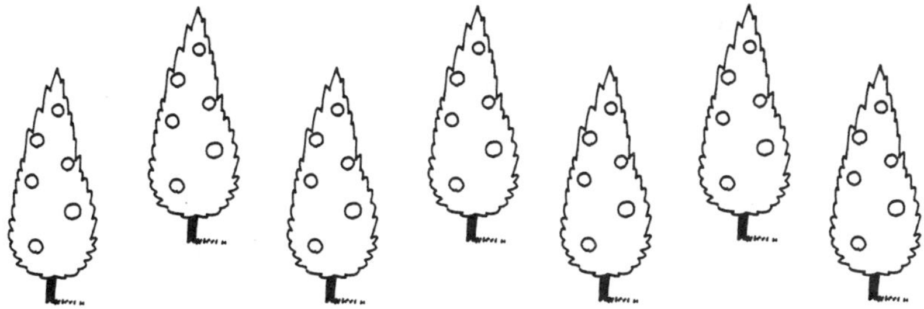

6×7

402×7	321×7	250×7	142×7
633×7	215×7	307×7	506×7
154×7	703×7	240×7	315×7
340×7	463×7	816×7	402×7
273×2	632×4	514×5	425×6

$$\begin{array}{r} 2 \\ \times 8 \\ \hline \end{array}$$

$\begin{array}{r} 235 \\ \times 8 \\ \hline \end{array}$	$\begin{array}{r} 405 \\ \times 8 \\ \hline \end{array}$	$\begin{array}{r} 140 \\ \times 8 \\ \hline \end{array}$	$\begin{array}{r} 216 \\ \times 8 \\ \hline \end{array}$
$\begin{array}{r} 162 \\ \times 8 \\ \hline \end{array}$	$\begin{array}{r} 502 \\ \times 8 \\ \hline \end{array}$	$\begin{array}{r} 251 \\ \times 8 \\ \hline \end{array}$	$\begin{array}{r} 313 \\ \times 8 \\ \hline \end{array}$
$\begin{array}{r} 408 \\ \times 8 \\ \hline \end{array}$	$\begin{array}{r} 144 \\ \times 8 \\ \hline \end{array}$	$\begin{array}{r} 625 \\ \times 8 \\ \hline \end{array}$	$\begin{array}{r} 232 \\ \times 8 \\ \hline \end{array}$
$\begin{array}{r} 304 \\ \times 8 \\ \hline \end{array}$	$\begin{array}{r} 713 \\ \times 8 \\ \hline \end{array}$	$\begin{array}{r} 802 \\ \times 8 \\ \hline \end{array}$	$\begin{array}{r} 917 \\ \times 8 \\ \hline \end{array}$
$\begin{array}{r} 618 \\ \times 4 \\ \hline \end{array}$	$\begin{array}{r} 507 \\ \times 5 \\ \hline \end{array}$	$\begin{array}{r} 426 \\ \times 6 \\ \hline \end{array}$	$\begin{array}{r} 351 \\ \times 7 \\ \hline \end{array}$

$$\begin{array}{r} 3 \\ \times 8 \\ \hline \end{array}$$

$\begin{array}{r} 403 \\ \times 8 \\ \hline \end{array}$	$\begin{array}{r} 142 \\ \times 8 \\ \hline \end{array}$	$\begin{array}{r} 260 \\ \times 8 \\ \hline \end{array}$	$\begin{array}{r} 321 \\ \times 8 \\ \hline \end{array}$
$\begin{array}{r} 515 \\ \times 8 \\ \hline \end{array}$	$\begin{array}{r} 252 \\ \times 8 \\ \hline \end{array}$	$\begin{array}{r} 134 \\ \times 8 \\ \hline \end{array}$	$\begin{array}{r} 605 \\ \times 8 \\ \hline \end{array}$
$\begin{array}{r} 804 \\ \times 8 \\ \hline \end{array}$	$\begin{array}{r} 316 \\ \times 8 \\ \hline \end{array}$	$\begin{array}{r} 913 \\ \times 8 \\ \hline \end{array}$	$\begin{array}{r} 162 \\ \times 8 \\ \hline \end{array}$
$\begin{array}{r} 270 \\ \times 8 \\ \hline \end{array}$	$\begin{array}{r} 523 \\ \times 8 \\ \hline \end{array}$	$\begin{array}{r} 336 \\ \times 8 \\ \hline \end{array}$	$\begin{array}{r} 407 \\ \times 8 \\ \hline \end{array}$
$\begin{array}{r} 614 \\ \times 2 \\ \hline \end{array}$	$\begin{array}{r} 728 \\ \times 3 \\ \hline \end{array}$	$\begin{array}{r} 805 \\ \times 4 \\ \hline \end{array}$	$\begin{array}{r} 936 \\ \times 5 \\ \hline \end{array}$

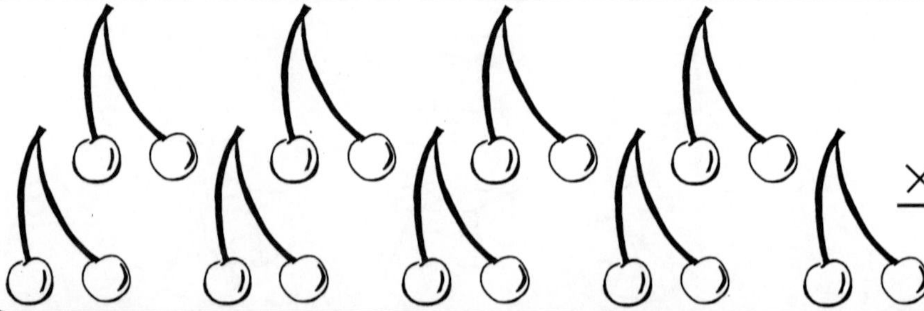

2×9

153×9 | 224×9 | 175×9 | 306×9

142×9 | 415×9 | 205×9 | 515×9

346×9 | 609×9 | 162×9 | 716×9

807×9 | 183×9 | 921×9 | 447×9

632×5 | 245×6 | 429×7 | 307×8

4
× 9

341	162	231	405
× 9	× 9	× 9	× 9
260	173	306	504
× 9	× 9	× 9	× 9
605	187	712	213
× 9	× 9	× 9	× 9
304	521	902	425
× 9	× 9	× 9	× 9
643	521	436	308
× 2	× 3	× 4	× 5

$$\begin{array}{r} 75 \\ \times\ 3 \\ \hline \end{array}$$

$\begin{array}{r} 607 \\ \times\ 2 \\ \hline \end{array}$	$\begin{array}{r} 316 \\ \times\ 3 \\ \hline \end{array}$	$\begin{array}{r} 162 \\ \times\ 4 \\ \hline \end{array}$	$\begin{array}{r} 902 \\ \times\ 5 \\ \hline \end{array}$
$\begin{array}{r} 823 \\ \times\ 6 \\ \hline \end{array}$	$\begin{array}{r} 605 \\ \times\ 7 \\ \hline \end{array}$	$\begin{array}{r} 241 \\ \times\ 8 \\ \hline \end{array}$	$\begin{array}{r} 304 \\ \times\ 9 \\ \hline \end{array}$
$\begin{array}{r} 174 \\ \times\ 2 \\ \hline \end{array}$	$\begin{array}{r} 345 \\ \times\ 3 \\ \hline \end{array}$	$\begin{array}{r} 190 \\ \times\ 4 \\ \hline \end{array}$	$\begin{array}{r} 416 \\ \times\ 5 \\ \hline \end{array}$
$\begin{array}{r} 537 \\ \times\ 6 \\ \hline \end{array}$	$\begin{array}{r} 236 \\ \times\ 7 \\ \hline \end{array}$	$\begin{array}{r} 452 \\ \times\ 8 \\ \hline \end{array}$	$\begin{array}{r} 635 \\ \times\ 9 \\ \hline \end{array}$
$\begin{array}{r} 150 \\ \times\ 2 \\ \hline \end{array}$	$\begin{array}{r} 519 \\ \times\ 3 \\ \hline \end{array}$	$\begin{array}{r} 706 \\ \times\ 4 \\ \hline \end{array}$	$\begin{array}{r} 814 \\ \times\ 5 \\ \hline \end{array}$